AF562048

ESTHÉTIQUE MUSICALE.

RÉPONSE

DU COMTE

CAMILLE DURUTTE, D'YPRES,

Compositeur, ancien élève de l'École Polytechnique,
Associé-libre de l'Académie impériale de Metz,

A LA

PRÉTENDUE RÉFUTATION DE SON SYSTÈME HARMONIQUE

Par M. F.-J. FÉTIS,

DIRECTEUR DU CONSERVATOIRE DE BRUXELLES ;

SUIVIE DE L'EXPOSÉ

DU

PRINCIPE ABSOLU DU RHYTHME MUSICAL

ET DE

LA SANCTION PHYSIOLOGIQUE DE CE PRINCIPE.

Prix : 1 Franc.

PARIS,

MALLET-BACHELIER, IMPRIMEUR-LIBRAIRE, 55, QUAI DES AUGUSTINS.

E. DENTU, LIBRAIRE-ÉDITEUR, PALAIS-ROYAL, 13, (Galerie d'Orléans).

METZ,

TYPOGRAPHIE ROUSSEAU-PALLEZ, LIBRAIRE-ÉDITEUR,
RUE DES CLERCS, 14.

1862.

La première partie du présent opuscule a paru dans la *Presse théâtrale et musicale de Paris*, en mai et juin derniers.

L'AUSTRASIE, *revue de Metz et de Lorraine*, vient de le publier intégralement dans sa livraison de juillet.

L'auteur remercie ici publiquement MM. A. Giacomelli et A. Rousseau, qui dirigent ces publications; ainsi que MM. les docteurs Didion, Scoutetten et Winsbach, qui ont bien voulu mettre à sa disposition les livres spéciaux dont il avait besoin pour établir la vérification physiologique des lois du *Rhythme musical*.

RÉPONSE

DU

COMTE CAMILLE DURUTTE, D'YPRES,

A LA

PRÉTENDUE RÉFUTATION DE SON SYSTÈME HARMONIQUE

PAR M. F.-J. FÉTIS.

L'auteur de la *Technie harmonique* croit qu'il est strictement de son devoir dans l'intérêt des progrès ultérieurs de la science musicale, bien plus encore que dans son propre intérêt, de répondre à la critique produite au tome troisième de la *Biographie universelle des Musiciens*, par M. F.-J. Fétis.

Dans cet article, qui donne une idée complètement erronée de la *Technie harmonique*, M. Fétis s'exprime avec l'aplomb caractéristique du pédagogue armé de la férule et qui s'en sert avec délices. C'est là un vif plaisir peut-être... Pourquoi M. Fétis s'en priverait-il? N'est-il pas homme de talent et de science? auteur de nombreux ouvrages, dont plusieurs ont été traduits dans toutes les langues de l'Europe civilisée? Les places éminentes qu'il occupe, récompense méritée de ses travaux, ne lui confèrent-elles pas, surtout aux yeux du vulgaire, droit de vie et de mort sur tout système musical qui ne s'identifie pas avec le sien qu'il a lui-même déclaré être *le dernier terme de l'art et de la science?*

Évidemment, pour la majorité des lecteurs, voire, hélas! pour la majorité des artistes, ce sont là des droits et des raisons sans réplique. Comment supposer, en effet, que M. Fétis, auteur d'un médiocre système empirique d'*harmonie musicale*, n'a pas été dans cet ouvrage à la hauteur où il s'est élevé dans son beau *Traité de contrepoint?* Sait-on seulement que les règles du contrepoint sont fixées depuis plus de trois siècles, et que l'harmonie est une science toute moderne? Disons cependant, à la louange de M. Fétis, que s'il combat systématiquement toutes les idées nouvelles en contradiction avec ses propres idées, du moins il ne leur oppose pas l'indifférence de ceux qui s'imaginent que la science nuit à l'inspiration, et que toutes les théories, sans exception, sont des entraves aux progrès de l'art. Évidemment ces derniers ne comprennent rien ni à l'art ni à la science, et la discussion avec eux serait inutile.

Quant à M. Fétis, qui vous attaque carrément, on peut lui répondre.

Examinons donc ses objections : peut-être jaillira-t-il de ce conflit d'opinions une lumière capable d'éclairer au néophyte la route à suivre au milieu des constructions et des matériaux du temple de l'harmonie, que les maîtres modernes élèvent depuis trois siècles au-dessus de l'église souterraine, si complètement et si noblement achevée sous le règne du chef de l'école romaine.

I.

M. Fétis trouve que ce titre : *Esthétique musicale.* — *Technie* ou *lois générales du système harmonique*, qui est celui de notre gros (*sic*) livre, présente une contradiction manifeste; « car, dit-il, l'esthétique est la doctrine de la » science qui a pour objet *le beau*, et la technie est la doc- » trine de la science qui a pour objet *le vrai*. Or, le beau » est le but de l'art, comme le vrai est celui de la science ; » la technie est le domaine de la connaissance, l'esthétique » est celui de la création de l'idée. Les voies que l'une et » l'autre suivent sont aussi différentes que leur objet. Ici

» donc l'absence de justesse dans les aperçus est la première » impression qui nous saisit à l'aspect du livre de M. Durutte. »

Nous citons textuellement, et nous agirons partout ainsi dans cette réponse, afin qu'on ne nous accuse pas d'affaiblir ou d'altérer à dessein les critiques de notre adversaire.

La réponse à cette première critique se trouve page V de l'*introduction* de notre livre, où se lit le passage suivant, extrait de la philosophie absolue de la musique, par Hoëné Wronski :

« Les propriétés physiques du son, considérées purement comme telles, appartiennent au domaine général de la physique, et elles y forment spécialement la branche connue sous le nom d'ACOUSTIQUE.

» Ces propriétés consistent notoirement dans les divers modes de vibration des corps sonores et de la transmission de ces vibrations à travers des milieux élastiques. Mais, jusque-là, en n'ayant égard qu'à leur production physique, les vibrations constituant le son se trouvent considérées avec abstraction de leur aptitude à devenir objets du goût. *C'est cette aptitude du son, offrant les* CONDITIONS LOGIQUES DU GOÛT, *qui est proprement l'objet de la musique considérée comme science,* et c'est cette science spéciale, *formant une branche de l'esthétique générale,* c'est-à-dire une branche de la science générale du beau, qui est ce qu'on nomme aujourd'hui (en Allemagne) ESTHÉTIQUE MUSICALE. »

Dans la note 3, au bas de la page susdite, Wronski ajoute qu'il faut substituer ce nom d'*esthétique musicale* à celui de *théorie de la musique*, dont on se sert (en France) pour désigner la science en question, nom défectueux, parce qu'il existe, dans la science de la musique, non-seulement une *théorie*, mais de plus une véritable *technie*.

Il résulte de ce passage que ce nom d'*esthétique musicale*, qui est le titre général de notre livre, n'est nullement contradictoire avec son titre spécial de *Technie harmonique*, puisque, comme on vient de le voir, ce titre général embrasse la *théorie* ET la *technie* de la musique, c'est-à-dire la science musicale tout entière.

Quant à la définition de la *technie* telle que la donne M. Fétis, elle pourrait s'appliquer avec assez de justesse à la *théorie* où domine l'ENTENDEMENT, faculté de la *spéculation;* mais elle ne donne aucune idée juste., ou plutôt elle donne une idée complètement erronée de la *technie*, où domine la VOLONTÉ, faculté de l'*action*, comme l'implique clairement le mot grec *techné*, art, qui en est l'étymologie. En vérité, on s'étonne d'avoir à relever pareille méprise chez un critique aussi sévère, auquel nous renvoyons l'accusation de *manquer de justesse dans les aperçus,* l'engageant à rectifier ses idées concernant le mot *technie* que sa définition confond avec le mot *théorie.*

II.

M. Fétis rejette absolument l'emploi de la progression triple ou *échelle des quintes* dans l'explication des faits musicaux : « attendu qu'il y manque le deuxième demi-ton, » lequel ne peut se trouver sans l'octave du son primitif. Or, » cette octave ne peut être donnée par la série des quintes, » puisque le huitième terme (en partant du *fa* naturel) » donnerait le *fa* dièse, quinte de *si*, lequel n'appartient pas » à la gamme qu'on a voulu former. »

Nous allons répondre, et répondre péremptoirement à cette objection, que déjà en 1853 M. Fétis opposait à la *théorie de la tonalité*, exposée par M. Barbereau, dans ses remarquables et si profondes *Études sur l'origine du système musical,* premier mémoire [1].

Nous extrayons cette réponse d'un ouvrage concernant la *théorie* ET *la technie* du RHYTHME, ouvrage que nous espérons pouvoir publier bientôt.

---

[1] Mallet-Bachelier. — Paris, 1852.

Mais, avant d'aller plus loin, il ne sera pas inutile de faire remarquer qu'il ne s'agit pas, comme le croit M. Fétis, d'obtenir l'octave du son primitif *fa* naturel, premier terme de la série des quintes : *Fa, ut, sol, ré, la, mi, si ;* car le premier terme de cette série est la *sous-dominante* et non la *tonique.* L'octave du son *fa* ne donnerait nullement notre gamme moderne, mais bien celle du mode *authentique Lydien : fa, sol, la, si, ut, ré, mi, fa.* Ce qu'il nous faut, c'est l'octave du son *ut*, second terme de la série des quintes ascendantes qui nous occupe ; lequel second terme, dans toute série semblable, est toujours la *tonique* dont il s'agit de découvrir l'octave. Or, voici cette détermination de l'octave en question, au moyen de la progression triple elle-même qui est, ainsi que nous l'avons dit dans la *technie harmonique :* LE CANON GÉNÉTIQUE DE LA MUSIQUE.

Règle à suivre pour trouver l'octave de la tonique au moyen de la progression triple :

« *Faire la somme des termes de la progression géométrique décroissante qui correpondent, de proche en proche, à la série des quintes placées au-dessous de la tonique, en prenant pour premier terme de ladite progression décroissante, le nombre qui représente la sous-dominante, quinte inférieure de la tonique que l'on a en vue.* »

Il n'est pas nécessaire d'être bachelier ès-sciences, ni même bachelier ès-lettres pour pouvoir vérifier l'exactitude de cette loi qui caractérise EXCLUSIVEMENT la progression triple, soit qu'on l'écrive au moyen des puissances entières, positives et négatives du nombre 3 ; soit qu'on l'écrive au moyen des mêmes puissances du nombre $\frac{3}{2}$.

Dans le premier cas, on obtiendra l'*octave grave ;* dans le second cas, l'*octave aiguë* de la tonique.

La seule progression des puissances entières, positives et négatives du nombre 2, donne quelque chose d'analogue ; seulement, en opérant conformément à notre règle, on ne trouve plus l'*octave,* mais bien l'*unisson.* D'ailleurs la série des puissances du nombre 2 ne fournit dans ses termes que les octaves (simples et redoublées) supérieures et inférieures d'un seul et même son.

Preuve numérique de l'exactitude de notre règle.

Prenons la progression triple sous sa forme la plus simple, et plaçons en regard l'échelle des quintes indéfiniment prolongée dans les deux sens :

Progression triple.

Pôle négatif. *Pôle positif.*

............: $\frac{1}{27}$: $\frac{1}{9}$: $\frac{1}{3}$: 1 : 3 : 9 : 27............

Échelle des quintes.

.... *Fa, ut, sol, ré, la, mi, si*.............

Et rappelons au lecteur qu'on obtient la somme des termes d'une progression géométrique décroissante à l'infini, en divisant son premier terme par l'excès de l'unité sur la fraction qui exprime la *raison* de la progression. Cela posé, remarquons qu'ici le premier terme de la progression décroissante est $\frac{1}{27}$, nombre correspondant à la *sous-dominante fa;* que la raison est $\frac{1}{3}$, et que, par conséquent, l'excès de l'unité sur la raison est $\frac{2}{3}$. On aura donc pour la somme des termes de la progression décroissante

$\frac{1}{27}$: $\frac{1}{81}$: $\frac{1}{243}$: $\frac{1}{729}$, etc.......

placée à gauche de la tonique *ut*, l'expression $\frac{1}{27}$ divisé par $\frac{2}{3}$; ce qui donne $\frac{3}{54}$, ou en réduisant, $\frac{1}{18}$. En comparant cette dernière fraction à la fraction $\frac{1}{9}$ qui correspond à la tonique *ut* dans notre exemple, on voit qu'elle en est exactement la MOITIÉ, et conséquemment qu'elle exprime L'OCTAVE GRAVE de la *tonique* en question.

En opérant d'une manière semblable avec la série des puissances du nombre $\frac{3}{2}$, on obtient L'OCTAVE AIGUE de la *tonique;* ici la raison de la progression décroissante, à partir de la *sous-dominante*, est $\frac{2}{3}$.

On peut généraliser la question et chercher la FORME GÉNÉRALE de la *raison* de toutes les progressions géométriques capables de donner, par la sommation de la série décroissante placée *au-dessous* d'un terme désigné, les octaves simples, doubles, triples, etc... en un mot les octaves indéfiniment redoublées, soit au grave soit à l'aigu, du *son* représenté par le terme en question.

Il suffit pour cela, en représentant par a le *terme désigné*, et par q la *raison* de ces progressions, de résoudre, par rapport à q, l'équation très simple :

$$\frac{a}{q-1} = 2^p . a \qquad (\alpha)$$

de laquelle on tire immédiatement :

$$q = \frac{2^p + 1}{2^p} \qquad (\omega)$$

C'est là la forme générale de la raison q. On voit que le *module* a disparaît du résultat. Ce module est, à proprement parler, lorsqu'on rapporte ces séries au système musical, le *son fixe* ou *diapason* dont le choix est indiqué par la sphère sonore dans laquelle l'homme est placé par son organisation.

En donnant à l'exposant p, qui entre dans la valeur de la raison q, des valeurs numériques positives ou négatives à partir de zéro, on obtiendra les progressions numériques que l'on cherche.

En posant $p = o$, on trouve pour la raison $q = 2$ qui est le nombre même de l'*octave;* et la progression correspondante est la *progression double*. Ici, comme on le voit, l'*octave* se prouve par elle-même. La progression double contient en effet les octaves redoublées à tous les degrés, tant à l'aigu qu'au grave. Mais il est à remarquer que dans cette progression la limite des sommes partielles donne toujours l'*unisson* du son représenté par le *terme désigné*, c'est-à-dire par le terme placé vers le pôle ascendant de la progression, immédiatement au-dessus du premier terme de la progression décroissante dont on fait la somme.

On a en effet, pour la somme des termes de la progression décroissante placée à gauche du terme a, dans la progression complète :

$$\ldots\ldots\ \frac{a}{4} : \frac{a}{2} : a : 2a : 4a\ \ldots\ldots$$

en désignant par s la somme des termes de la progression décroissante

$$\frac{a}{2} : \frac{a}{4} : \frac{a}{8} : \frac{a}{16} : \text{etc....}$$

$$s = \frac{\frac{a}{2}}{1 - \frac{1}{2}} = a, \text{ c'est-à-dire}$$

l'*unisson* du terme désigné.

La valeur $p = 1$, donne : $q = \frac{3}{2}$, nombre de la quinte ; et la valeur $p = -1$, donne : $q = 3$ qui représente la *quinte* accrue d'une *octave* ou *douzième ;* nous retrouvons ici les deux formes de la progression triple, dans laquelle, ainsi que nous l'avons fait voir plus haut, la *limite* des sommes partielles donne constamment l'*octave* du *terme désigné ;* et qu'on veuille bien le remarquer, la *progression triple* est la seule qui donne, de cette manière, l'OCTAVE SIMPLE.

Les valeurs $p = \pm 2$ donnent pour la raison : $q = \frac{5}{4}$, et $q = 5$, c'est-à-dire le nombre de la *tierce majeure*, et la double octave de ce nombre synchrone.

Ici la *limite* des sommes partielles donnera toujours la DOUBLE OCTAVE du *terme désigné :* savoir la double octave aiguë avec $\frac{5}{4}$, et la double octave grave avec le nombre 5.

En posant $p = 3$ dans la formule (ω), on en tire $q = \frac{9}{8}$ qui, en acoustique, exprime le *ton majeur*.

La valeur $p = -3$ donne simplement $q = 9$, et suivant que l'on prendra la première ou la seconde de ces valeurs de q pour *raison* d'une progression géométrique, on obtiendra, par la sommation de la progression décroissante placée *au-dessous* d'un terme désigné, la TRIPLE OCTAVE *aigue* ou *grave* du son représenté par ce terme.

Enfin en posant $p = 4$ dans la formule (ω) on en tire $q = \frac{17}{16}$; or, c'est là le demi-ton indiqué par Hoëné Wronski comme devant être substitué partout en acoustique au nombre $\frac{16}{15}$ des physiciens modernes, nombre qui n'est point contenu dans la formule (ω), du moins en donnant à l'exposant p des valeurs entières. Or, c'est là une preuve évidente de la supériorité de la gamme acoustique proposée par l'illustre philosophe slave, dans laquelle les nombres $\frac{3}{2}$, $\frac{5}{4}$ et $\frac{9}{8}$ trouvés plus haut, se trouvent tous aussi bien que dans la gamme des pythagoriciens et dans celle de Claude Ptolémée adoptée par les physiciens modernes.

L'équation (ω) donne beaucoup d'autres solutions telles que : $q = \frac{33}{32}$ quand on y fait $p = 5$; et $\frac{65}{64}$ quand on y fait $p = 6$, etc...........

Mais ces nombres n'appartiennent pas au système musical parce qu'ils ne sont pas *rhythmiques ;* nous dirons plus loin ce que c'est que les NOMBRES RHYTHMIQUES.

En présence de la dénégation formelle de la possibilité de trouver l'*octave de la tonique* au moyen de la progression triple, nous ne pouvions nous dispenser d'avoir recours à la preuve mathématique qui donne tort à M. Fétis. Il est vrai que, jusqu'à ce jour, personne, à notre connaissance [1],

---

[1] Dans une lettre du 2 juin 1862, M. Barbereau vient de nous donner la preuve qu'il s'est occupé, lui aussi, du problème de la détermination des *octaves* au moyen des progressions par quotient.

M. Barbereau pense que l'objection de M. Fétis concernant l'octave devrait être accueillie tout simplement par la question préalable, car, nous écrit-il, l'octave n'est pas et ne peut pas être un produit. En effet, pourquoi les rapn'avait signalé la propriété inhérente à la progression triple de fournir par elle-même l'*octave* de tous les sons qu'elle représente ; et l'on vient de voir que si d'autres progressions donnent les octaves redoublées, elle est la seule qui donne l'*octave simple*. Nous avons été conduit à cette découverte par le principe suivant de la *philosophie absolue*. « Il existe toujours, dans tout système de réalités, deux modes distincts de génération, un mode individuel et un mode universel. » Nous livrons ce principe, formulé par notre maître Hoëné Wronski, à la méditation des philosophes.

En déniant à la *science* la fonction de formuler les *lois* que le *logisme* impose à l'*art*, pour régler et non pour annihiler la FACULTÉ CRÉATRICE, M. Fétis prouve qu'il n'a aucune idée juste de la fonction du *logisme*, ou plus généralement de la NÉCESSITÉ dans le *système de l'univers* en général, dans le *macrocosme*, non plus que dans le *système de l'homme* dans le *microcosme* en particulier.

---

ports $\frac{3}{1}$ et $\frac{3}{2}$ existeraient-ils par eux-mêmes, tandis que le rapport $\frac{2}{1}$ ne serait qu'une fonction de ceux-là ? L'erreur, qui chez M. Fétis amène l'absurdité de sa question, ou tout au moins de sa manière de la poser, provient de ce qu'il regarde la gamme comme un *fait primitif*. De ce point de vue, il ne peut admettre aucune sorte de série ni de progression, et s'il condamne la progression triple, ce n'est pas tant à cause de la valeur numérique de ses termes, qu'en tant que progression. »

Au fond, nous sommes complètement de l'avis de M. Barbereau. Comme lui, nous considérons l'octave comme *indépendante de tout système*. Mais M. Fétis assurant que la progression triple ne saurait la fournir, nous avons dû lui prouver le contraire ; et, certes, il est fort piquant que ce soit précisément la *progression triple* — à laquelle on refusait la faculté de donner l'octave — qui, à l'exclusion de toutes les autres progressions, donne l'*octave simple* au moyen des limites successives de ses sommes partielles. La progression double elle-même ne donne ainsi que *l'unisson*. Il est vrai que cette dernière progression donne à elle seule, dans la suite de ses termes, les octaves simples, doubles, triples, etc., tant au grave qu'à l'aigu ; mais, pour l'*unisson*, elle ne peut le fournir que par le procédé que nous avons indiqué.

Il ne nous sera pas difficile de montrer l'inanité des autres objections de M. Fétis contre le système développé dans la *Technie harmonique*, dont il ne paraît pas avoir compris le premier mot et bien moins encore le dernier.

III.

L'auteur de la *Technie harmonique* fait connaître dans son livre :

1° *La loi génératrice des accords ;* 2° *la loi de leur enchaînement ;* 3° *la théorie des accords multiples.*

Il n'avait pas à s'occuper de la *loi tonale*, cette loi ayant été formulée scientifiquemement et définitivement par par M. Barbereau, dans son *premier mémoire sur le système musical.*

« Pour parvenir à ces immenses résultats, *il ne faut* à » M. Durutte *que la progression des quintes*, mais il la lui » faut poussée jusqu'au trente-et-unième terme, afin qu'elle » contienne tous les éléments diatoniques chromatiques et » enharmoniques. »

Cette fois, M. Fétis est dans le vrai, en sous-entendant néanmoins que les trente-et-un termes susdits, — admis également par M. Barbereau et implicitement par tous les praticiens modernes, — ont leur origine dans la série complète, c'est-à-dire dans la progression triple prolongée à l'infini vers ses deux pôles. Cette remarque n'est pas inutile à une époque où beaucoup de savants croyent encore pouvoir faire abstraction de l'idée de l'*infini*, et fonder leur science sur la seule considération du *fini*, en y joignant au besoin la précaire considération de l'*indéfini* [1].

Mais pourquoi, après cette saine appréciation, M. Fétis

---

[1] Le *fini* ne peut-être conçu philosophiquement que par la triple considération de l'INFINIMENT GRAND comme *pôle positif ;* de l'INFINIMENT PETIT, comme *pôle négatif ;* et de l'UNITÉ qui est le *produit* de ces termes extrêmes.

se contredit-il immédiatement en affirmant que « la loi de » laquelle doivent sortir toutes les merveilles promises par » M. Durutte *est une gamme, ou plutôt une échelle chromatique fausse que lui a fournie son maître Hoëné Wronski;* » échelle qui n'a aucun rapport à la gamme de Ptolémée, » de la plupart des géomètres, du plain-chant, et qui n'est » que le résultat d'un mauvais tempérament inégal; échelle » enfin qui n'est pas moins étrangère à la gamme harmo» nique attractive qui constitue la musique moderne. »

Pourquoi cette manifeste contradiction? Car enfin si, comme l'affirme notre critique, il ne nous faut que la progression des quintes, il est évident que nous n'avons pas besoin de la gamme de Wronski; et cependant cette gamme serait la source de toutes les merveilles promises (et bien véritablement réalisées, n'en déplaise à notre aristarque) par l'auteur de la *Technie harmonique !!!* La cause de cette nouvelle méprise est facile à deviner: M. Fétis a lu *l'introduction* de notre ouvrage, il a feuilleté le reste, et apercevant des chiffres, il les a pris pour des calculs d'acoustique, — fondés nécessairement sur cette gamme de Wronski tant vantée par nous, — et il n'a pas vu que ces calculs sont tirés uniquement de la *Loi génératrice des accords*, qui est indépendante de toute considération d'acoustique pratique et exclusivement basée sur l'échelle rationnelle des quintes. Remarquons, en passant, que s'il en était autrement, c'est-à-dire que si notre loi génératrice

---

Par exemple: soit n un nombre fini quelconque, sa génération philosophique est:

$$\left(1+\frac{\omega}{\infty}\right)^{\infty}=n.$$

La quantité ω varie avec le nombre n, elle est égale à l'unité quand

$$n=e=1+\frac{1}{1}+\frac{1}{1.2}+\frac{1}{1.2.3}+\text{etc.}$$

c'est-à-dire, quand

$$n=e=2,71828,\text{ etc.}$$

Ce nombre e est, comme on sait, la *base des logarithmes naturels*.

dépendait soit immédiatement soit même médiatement de l'expérience, elle ne mériterait pas le nom de LOI SUPRÊME DE L'HARMONIE qui est bien véritablement le nom qui lui appartient. A cet égard, notre certitude est si bien fondée, que nous portons le défi le plus formel de trouver une loi, distincte de la nôtre, au moyen de laquelle on puisse, et cela par des procédés toujours identiques, créer non-seulement tous les accords déja connus, mais encore tous ceux que le système musical moderne est susceptible d'admettre et dont nous avons donné dans la *Technie* de nombreux exemples pratiques qui ont excité la surprise, et — osons le dire parce que c'est la vérité — l'admiration des compositeurs les plus célèbres.

Mais, avant de répondre à la critique qui concerne notre classification des accords, arrêtons-nous un moment à la forme donnée à la gamme acoustique de Wronski, dans l'article auquel nous répondons.

On aurait pu copier cette gamme dans notre ouvrage où elle est donnée d'après le manuscrit même de Wronski; mais, sous prétexte de la rendre « saisissable à tous les musiciens » on a préféré la *traduction* d'un auteur inconnu; aussi le proverbe italien *tradultore, traditore,* trouve-t-il ici une juste application.

En premier lieu, les rapports calculés par Wronski sont renversés, ce qui leur enlève la signification nouvelle que le philosophe slave leur avait donnée, savoir celle de représenter les rapports des *durées des vibrations* des sons de la gamme chromatique, celle des *vibrations de la tonique* étant prise pour unité. Cette considération — distincte de celle des physiciens qui comparent soit des *nombres de vibrations*, soit des *longueurs de cordes* — est la seule véritablement philosophique, parce que seule elle est *absolue* et conforme à l'idée même de la musique considérée comme science, consistant dans les modifications esthétiques du *temps*, c'est-à-dire dans le RHYTHME DE LA DURÉE DES VIBRATIONS.

En second lieu, parmi les rapports susdits, il en est deux — ceux qui correspondent aux degrés 2 et 6 de la gamme diatonique ascendante — qui ne sont point renversés comme les autres, d'où il résulte que les deux systèmes de représentation des sons, adoptés par les physiciens, celui qui a rapport au *nombre* des vibrations et celui qui a rapport aux *longueurs de cordes*, se trouvent confondus et rendent ainsi la série de ces nombres acoustiques complètement absurde.

Enfin, et en troisième lieu, M. Fétis écrit les noms de tous les sons de la gamme chromatico-enharmonique : *do* dièze, *ré* bémol ; *ré* dièze, *mi* bémol, etc., quoiqu'il sache fort bien, comme la suite le prouve, que Wronski veut donner une *gamme chromatique*, c'est-à-dire une gamme dans laquelle les sons intercalés entre ceux qui diffèrent d'un *ton* entier dans la gamme diatonique, puissent servir indistinctement à représenter la note inférieure diézée ou la note supérieure bémolisée. Or, de l'ensemble de cette *traduction* il résulte une confusion de nature à dérouter le plus grand nombre des lecteurs.

Quant à la critique de la gamme de Wronski par M. Delezenne, elle est basée sur un cercle vicieux, car son *criterium* est la gamme des physiciens reconnue fautive par M. Fétis lui-même, et mieux appropriée à la tonalité du plain-chant qu'à la tonalité moderne. Dans un article fort étendu, inséré dans la *Gazette musicale* de Paris, du 3 janvier 1847, M. le directeur du Conservatoire de Bruxelles faisait remarquer l'erreur des acousticiens qui font le *ré* bémol plus élevé que l'*ut* dièze, dans le rapport du comma $\frac{128}{125}$, « ce qui, disait-il, est en contradiction manifeste avec » les attractions de ces sons. » Or, il est à remarquer que c'est avec cette gamme reconnue fautive ou tout au moins insuffisante, par rapport à notre tonalité moderne, que M. Fétis prétend combattre celle fixée par Wronski au moyen de principes philosophiques et de déductions mathématiques irréfragables. Nous avons donné, dans l'*introduction* de notre ouvrage, cette belle détermination de la gamme acoustique moderne par l'auteur de la *Réforme du savoir humain;* nous y renvoyons les lecteurs que cette question peut intéresser. Disons cependant que la gamme de Wronski a sur celle des physiciens, comme aussi sur celle des pythagoriciens, l'avantage de former un tout homogène, un véritable système, tandis que les gammes qu'on voudrait lui opposer ne présentent que la *juxtaposition* de DEUX tétracordes!

Dans la gamme de Wronski la *note sensible* est plus près de la tonique que la *médiante* ne l'est de la *sous-dominante;* mais cette différence, loin d'être un défaut comme le croit M. Delezenne, est un avantage dans notre système moderne de tonalité. De plus, quand on compare terme à terme la gamme chromatique des physiciens et celle de Wronski à la gamme fixe que donne le tempérament égal, on découvre que c'est celle des physiciens qui présente les différences les plus multipliées et les plus grandes.

En présence d'un tel résultat que chacun est à même de vérifier, que signifient donc les critiques de MM. Fétis et Delezenne?

En résumé, en prenant pour moyenne des intervalles égaux formant le demi-ton, le nombre $\frac{17}{16}$ au lieu de $\frac{16}{15}$, Wronski a donné le dernier degré de perfection à la *gamme acoustique*. Jusqu'à lui on n'y trouvait que les nombres premiers : 1, 2, 3 et 5, il y joint le nombre 17 qui est, dans la série des *nombres premiers*, le dernier NOMBRE RHYTHMIQUE appartenant à notre système musical.

Il ne nous reste plus, pour compléter la présente *réponse* aux critiques de M. Fétis, qu'à parler brièvement de notre *classification mathématique des accords*. Voici ce qu'en pense le célèbre directeur du Conservatoire de Bruxelles :

« On peut s'amuser au passe-temps innocent de la clas-
» sification mathématique des accords; mais cette fadaise

» est parfaitement inutile et la notation musicale est pour » cette chose infiniment plus simple que la notation algé» brique. »

Nous avons donné, cela est vrai, la notation algébrique des accords en les classant d'après leur structure intime; mais, en regard de cette notation, nous en avons placé une autre à la portée de tous les musiciens, au moyen de laquelle la notation musicale peut s'effectuer immédiatement. Nous avons pris ce parti pour éviter des frais de gravure inutiles pour cet objet; mais partout où nous l'avons jugé nécessaire, nous avons multiplié les exemples pratiques en notation musicale.

Quant à l'*innocence* de la susdite classification mathémathique, elle est au moins fort contestable et ce substantif féminin nous paraît mieux caractériser l'état de l'*esprit* de M. Fétis qui ne s'est pas douté que ces *polynômes algébriques* doivent servir à la détermination rigoureuse et complète de toutes les successions harmoniques auxquelles le *sentiment musical*, abandonné à lui-même, ne parviendrait probablement pas *avant plusieurs siècles*, si l'on en juge par les progrès accomplis (dans l'*harmonie* s'entend) depuis les temps de Palestrina : en comparant ces progrès à l'ensemble des *faits nouveaux* produits tout à coup par nous dans la *Technie harmonique*, on jugera peut-être qu'ils se sont effectués bien lentement.

Notre *théorie des accords multiples*, dont M. Fétis ne parle pas, nous a fourni une grande partie desdits *faits nouveaux*. Cette théorie est la véritable origine de l'ENHARMONIE TRANSCENDANTE, et, sans elle, l'*altération multiple des intervalles des accords*, — signalée par notre adversaire comme étant la source de cet ordre de faits — n'aurait aucune règle.

M. Fétis nous reproche notre *style ambitieux* « copié » jusqu'à l'affectation la plus puérile sur celui de Wronski. »

De l'aveu de Ballanche, bon juge en cette matière, le

style didactique de Hoëné Wronski est un modèle ; nous ne pouvons donc accepter cet *éloge* de M. Fétis. Il est vrai que nous avons reproduit assez souvent certaines locutions de notre maître, mais nous l'avons fait à dessein pour appeler l'attention des hommes supérieurs sur la PHILOSOPHIE ABSOLUE qui sera, aux yeux de la postérité, — nous en avons la certitude, — le plus beau titre du dix-neuvième siècle à la reconnaissance du genre humain.

Puisque nous avons parlé des *nombres rhythmiques*, dans les pages qui précèdent, nous pensons qu'il ne sera pas inutile d'en indiquer *la source* aux artistes qui n'en connaissent et n'en pratiquent encore que quelques-uns. Les grands maîtres et ceux qui les ont pris pour guide ont suivi, sous la seule impulsion du sentiment musical, une *loi* qui a sa base dans la *raison inconditionnelle* de l'homme, et sa sanction dans son *organisation physique*.

DES NOMBRES RHYTHMIQUES DANS LA MUSIQUE.

Ces nombres se manifestent dans les rapports entre les durées des vibrations des sons qui composent le système musical ; on les retrouve dans les rapports des valeurs des notes, dans les mesures tant simples que composées, dans la division des phrases ou périodes musicales, enfin dans le degré du mouvement qui s'indique au moyen du métronome.

La *loi* qui les contient tous est clairement *indiquée* dans la lettre que Hoëné Wronski nous écrivait le 3 janvier 1850, lettre que nous avons insérée dans notre *Technie harmonique* à la suite du *résumé d'acoustique*. Voici mot à mot cette lumineuse *indication*, que les docteurs en musique de la force de M. Fétis auront pris sans doute pour une *utopie ;* car, aux yeux des hommes soi-disant positifs, il ne peut rien sortir de pratique de la tête d'un philosophe :

Les seuls nombres musicaux dans la gamme sont les nombres premiers : 1, 2, 3, 5 et 17.

Les nombres 7, 11, 13, sont exclus de la musique ; ce qui offre la belle analogie de cette génération absolue de la gamme avec celle du cercle, où, d'après le célèbre théorème de Gauss, les mêmes nombres sont les uns admis, et les autres exclus pour l'inscription des polygônes réguliers. Le théorème de Gauss est notoirement :

$$x = 2^n + 1$$

x étant le nombre des côtés du polygône et n un nombre entier quelconque, pourvu que x soit un nombre premier. Les nombres x qui dépassent 17, servent à la génération de la gamme enharmonique et des autres gammes qui ne sont pas connues, et qui peut-être ne seront jamais connues sur notre globe.

Longtemps nous avons cru que les nombres premiers indiqués ici par Wronski ne pouvaient trouver leur application qu'en acoustique ; mais depuis la mort de ce grand homme, en méditant sur l'essence du rhythme musical, en considérant surtout l'*unité* qui caractérise si éminemment tout système fondé sur des principes absolus, enfin en cherchant au moyen de la *loi de création* * les véritables *éléments rhythmiques*, nous avons reconnu, avec autant de surprise que d'admiration, que les susdits nombres premiers sont les facteurs de tous les nombres musicaux.

La division esthétique du *temps* étant, pour l'artiste musicien, le moyen d'arriver à la réalisation de sa pensée, le moyen de *corporifier l'intelligence dans les sons*, il fallait avant tout concevoir le *Schéma du temps* dans l'œuvre musicale. Or, avec un peu de réflexion, nous comprîmes que le *temps*, par rapport à la musique, ne peut être considéré comme une simple *ligne droite* qui admet toutes les divisions imaginables ; mais qu'il doit être conçu comme un *cycle* ou *cercle fermé*, afin de satisfaire à deux conditions essentielles : à l'unité de l'œuvre d'abord, et ensuite aux limites qu'impose à l'homme son organisation physique, qui ne lui permet pas l'introduction de l'*infini* dans le rhythme. De ces considérations philosophiques, il résulte naturellement que les seuls *nombres premiers*, propres au rhythme, sont aussi ceux contenus dans la formule de Gauss, et par conséquent les nombres de la gamme acoustique

1, 2, 3, 5, et 17.

D'où résulte une admirable unité dans l'ensemble du système musical.

Voici le tableau des *nombres rhythmiques*, depuis 1 jusqu'à 108. Il est *facile de l'étendre* plus loin.

Tableau des nombres rhythmiques et des nombres non-rhythmiques **.

Nombres rhythmiques.	1,	2,	3,	4,	5,	6,		8,	9,	10,		12,			15,	16,	17.
Nombres non-rhythmiques.							7,				11,		13,	14,			
	18,		20,				24,	25,		27,			30,		32,		34.
		19,		21,	22,	23,			26,		28,	29,		31,		33,	
		36,				40,					45,			48,		50,	51.
	35,		37,	38,	39,		41,	42,	43,	44,		46,	47,		49,		
			54,						60,				64,				68.
	52,	53,		55,	56,	57,	58,	59,		61,	62,	63,		65,	66,	67,	

* Nous avons donné la *forme* de la *loi de création* découverte par Hoëné Wronski, dans notre *Technie harmonique*, p. 552 et suivantes, telle qu'elle est fixée au tome I de la *Réforme absolue du savoir humain*.

** Chaque ligne comprend 17 chiffres.

72, 75, 80, 81, 85.

69, 70, 71, 73, 74, 76, 77, 78, 79, 82, 83, 84,

90, 96, 100, 102.

86, 87, 88, 89, 91, 92, 93, 94, 95, 97, 98, 99, 101,

108,

103, 104, 105, 106, 107, 109, 110, 111, 112, 113, 114, 115, 116, 117, 118, 119.

On remarquera que la somme des nombres rhythmiques, à partir de 1 jusques et y compris le nombre 17, donne pour somme le nombre 108 auquel se termine le présent tableau.
— Le premier nombre rhythmique après 108 est 120.

SANCTION PHYSIOLOGIQUE DES LOIS RHYTHMIQUES.

Rhythme des contractions du cœur ou durée de la diastole * et de la systole **, des oreillettes et des ventricules.

Le sang qui arrive au cœur est lancé dans les artères par la contraction successive des oreillettes et celle des ventricules. . . . .
. . . .

Une contraction complète du cœur comprend la durée pendant laquelle chaque section du cœur (section auriculaire et section ventriculaire) a été une fois à l'état de systole et une fois à l'état de diastole. La durée d'une contraction complète du cœur peut être estimée par les battements du cœur contre les *parois thoraciques, ces battements se reproduisant régulièrement à chaque* systole ventriculaire.

Maintenant, supposons qu'une contraction complète du cœur ait une durée représentée par le chiffre 3, l'observation montre que la contraction des oreillettes peut être, à peu de chose près, évaluée à 1, la contraction des ventricules à 1, et l'intervalle de repos pareillement à 1 : *dans un moment l'oreillette est* en systole, le ventricule en diastole ; dans un autre moment l'oreillette est en diastole, le ventricule est en systole ; dans un autre moment enfin, représenté *par un intervalle de repos*, le ventricule est en diastole, ainsi que l'oreillette.

(J. Béclard, *Traité élémentaire de physiologie humaine*, 4e édition, 1862, chapitre III, § 80).

Bruits du cœur.

Lorsqu'on applique l'oreille sur la poitrine de l'homme, dans la région précordiale, on entend deux bruits qui se succèdent presque sans intervalle ; puis survient un intervalle ou un moment de silence ; puis de nouveau les deux *bruits, et ainsi de suite. Le premier bruit est sourd, profond* ; le second bruit est clair, il dure un peu moins longtemps que le premier. Ces deux bruits

---

* Diastole, s. f. (du grec *diastellô*, j'entr'ouvre), dilatation du cœur.

** Systole, s. f. (du grec *sustellô*, je contracte), mouvement contractile du cœur.

s'entendent surtout dans la région précordiale; mais on peut les entendre encore dans les autres points de la poitrine, surtout pendant l'inspiration. Ils perdent de leur intensité à mesure qu'on s'éloigne du cœur.

Ces deux bruits n'ont pas leur *maximum* d'intensité aux mêmes points. Le premier bruit a son maximum d'intensité vers le cinquième espace intercostal un peu au-dessous en endehors du mamelon. Le second bruit a son maximum d'intensité dans le troisième espace intercostal, près le bord gauche du sternum. Le maximum d'intensité du premier bruit est donc situé plus bas que le maximum d'intensité du second. — Le premier bruit du cœur coïncide avec le pouls, c'est-à-dire avec la *dilatation* artérielle, c'est-à-dire, par conséquent, avec la systole ventriculaire. Si on ouvre un animal vivant dont on entretient artificiellement la respiration, on s'assure directement que le premier bruit du cœur est simultané avec la systole ventriculaire, et qu'il dure autant que cette contraction.

Le second bruit du cœur suit immédiatement le premier bruit; il suit, par conséquent, immédiatement la systole ventriculaire. Mais comme à la systole ventriculaire succède, ainsi que nous l'avons vu, un repos du cœur, le second bruit coïncide donc avec ce moment de repos. — Dans ce moment de repos l'oreillette se remplit. L'oreillette et le ventricule sont à l'état de relâchement ou de diastole.

Le rhythme des bruits du cœur peut être assimilé, avec assez de vérité, à une mesure à trois temps. Le premier bruit correspondrait au premier temps, le second bruit au second temps, le troisième temps serait remplacé par un silence. Il est vrai que chacun de ces temps n'est pas rigoureusement égal dans la mesure. Ainsi le premier temps est sensiblement plus long que le second, et le second étant très-court, le silence se trouve un peu augmenté. Mais, ces réserves faites, il n'en est pas moins vrai que cette image d'une mesure à trois temps, proposée par M. Beau, laisse dans l'esprit une notion suffisamment exacte du phénomène. . . . .

. . . .

La doctrine des bruits du cœur émise pour la première fois par M. Rouannet, et qui consiste à en placer le point de départ dans le jeu des valvules *, a aujourd'hui conquis l'assentiment de la plupart des physiologistes. . . . .

. . . .

Les bruits du cœur sont donc très-vraisemblablement déterminés par le choc du sang contre les valvules.

(J. Béclard, *Traité élémentaire de physiologie humaine*).

Ces passages, extraits d'un livre qui fait autorité dans la science, établissent clairement l'existence, au fond de notre être, du *rhythme ternaire*, résultat

---

* Valvule s. f. (latin *valvula*, diminutif de *valva*), membrane qui ferme et ouvre les oreillettes du cœur : anat.

de chaque contraction complète du cœur comme *cause*, et des bruits de cet organe comme *fait;* même les *inégalités* dans la division de cette mesure à trois temps, reconnue comme l'image la plus vraie du phénomène, s'accordent parfaitement avec les *différents degrés de force* que les musiciens attribuent à chacun des temps de ce rhythme ondoyant. Pour les musiciens comme pour les physiologistes, l'importance prépondérante appartient au *premier temps:* c'est pour les uns le *temps fort*, pour les autres le *bruit profond, énergique*, qui caractérise le premier bruit du cœur, auquel succède le *bruit clair*, d'une *durée moindre*. Ce second bruit correspond au *second temps* de la mesure ternaire, et les musiciens le déclarent *plus faible* que le premier temps.

Enfin, le *troisième temps*, correspondant au silence du cœur, pourra être considéré comme *plus faible* encore que le second, *en tant que silence;* mais si l'on veut tenir compte de sa *durée plus longue*, on devra lui attribuer plus d'importance qu'au second temps, ce qui, au point de vue de la musique, ne peut se faire qu'en lui donnant plus de force. Or, ces deux manières distinctes d'envisager la mesure à trois temps, sont admises et pratiquées dans la musique.

La mesure à 2 temps est marquée par le mouvement alternatif d'*inspiration* et d'*expiration* qui forme une *respiration complète.*

Quant à la mesure à 4 temps, on la trouve dans le rapport du nombre des pulsations du cœur à la durée d'une respiration complète. On lit dans l'ouvrage cité de J. Béclard le passage suivant:

« Il y a, entre les pulsations du cœur et les mouvements de la respiration, un balancement tel, que le pouls et la respiration se maintiennent presque toujours dans un rapport sensiblement constant quels que soient leur accélération ou leur ralentissement; les pulsations du cœur sont toujours plus fréquentes que les mouvements de la respiration, mais les pulsations du cœur et les mouvements de la respiration augmentent et baissent ensemble. *Il y a, en général, quatre pulsations du cœur pour un mouvement respiratoire complet.* »

(J. Béclard. *Traité élémentaire de physiologie humaine*).

En combinant le *rhythme ternaire* des bruits du cœur, soit avec le mouvement d'inspiration, soit avec le mouvement d'expiration, dont se forme la respiration complète, on obtient la mesure en $\frac{6}{2}$ que les musiciens écrivent $\frac{6}{4}$ et $\frac{6}{8}$. — En combinant le même rhythme ternaire avec les 4 pulsations du pouls qui ont lieu pendant la durée d'une respiration, on obtient la mesure en $\frac{12}{4}$ que les musiciens écrivent $\frac{12}{8}$. on sait que chaque pulsation du pouls coïncide avec le premier bruit du cœur.

Biomètre du docteur Collongues. — Vibrations vitales.

« Le *biomètre* est un instrument d'acoustique appliqué à l'étude de l'homme bien portant ou malade, destiné à évaluer et à reproduire par l'unisson et à volonté les sons perçus ordinairement par l'auscultation des doigts. A cet effet, le biomètre fait entendre des sons de différente hauteur, les traduit en notes et en nombres de vibrations ; ce qui permet la comparaison du rapport des intervalles qui existent des deux côtés du corps, soit dans l'état normal, soit dans l'état anormal, et d'exprimer en chiffres les différents degrés de santé et de maladie. — L'instrument se compose d'un manche, d'un diapason avec curseur et d'un dynamoscope. Le manche est en caoutchouc. Il comprend une poignée, une ouverture et une extrémité digitale. La poignée isole le bruit de la main qui supporte l'instrument ; l'ouverture permet l'introduction de la tige du diapason, et l'extrémité digitale reçoit le dynamoscope.

Le diapason est formé de deux branches longues de trente centimètres. Sur chacune de ces branches glisse un curseur qui peut adhérer sur tous les points de sa course, à l'aide d'une vis de pression. Chaque branche comprend huit divisions marquant le nombre absolu des vibrations, les notes de la gamme qui leur correspondent et les intervalles désignés sous les noms de seconde, tierce, quarte, quinte et en double colonne ascendante et descendante.

La limite des sons graves perçus par l'auscultation des doigts est de 26 vibrations, la limite des sons aigus est de 144 vibrations.

Voici de quelle manière on se sert de cet instrument :

On fait entrer la tige du biomètre dans l'ouverture pratiquée dans le manche. La dynamoscope est appliqué à son extrémité digitale, les deux branches du diapason sont tournées vers la terre. On les met en vibration en les rapprochant brusquement.

Après avoir saisi la poignée du manche, on détruit les sons harmoniques en touchant légèrement les deux branches du diapason à leur extrémité fermée.

On applique le dynamoscope dans l'oreille, on compare le son du biomètre à celui produit par l'un des indicateurs, et si on ne les trouve pas semblables, on abaisse ou on élève les deux curseurs jusqu'à ce que les deux sons produisent l'unisson.

Alors, grâce à cette loi physique que deux sons de même hauteur ont toujours le même nombre de vibrations, on traduit en nombres le *bourdonnement vital.*

On renouvelle l'expérience pour l'indicateur de l'autre main, et après avoir obtenu la valeur numérique, on compare les deux chiffres ou les deux notes, et l'on constate l'égalité ou la différence.

La *biométrie* s'occupe de la recherche des lois des vibrations vitales. Elle définit la santé par l'équilibre des vibrations aux deux indicateurs, et la maladie par le défaut d'équilibre des vibrations aux mêmes points.

Ainsi la biométrie a deux lois fondamentales pour principe :

Première loi. — L'équilibre des vibrations vitales perçues à l'aide du biomètre des deux côtés du corps, à deux points similaires, les indicateurs par exemple, se rencontre toujours avec l'état de santé.

Deuxième loi. — Le défaut d'équilibre des vibrations vitales perçues à l'aide du biomètre des deux côtés du corps, à deux points similaires, les indicateurs par exemple, se rencontre toujours avec l'état de maladie.

Vibrations vitales pendant la santé. — Chez l'homme, la femme, le vieillard, l'enfant, le type de la santé parfaite dans nos climats est déterminé par 72 vibrations par seconde. »

(*La Lancette française*, GAZETTE DES HÔPITAUX CIVILS ET MILITAIRES, n° 68. — Jeudi 12 juin 1862).

Bien que, dans l'opinion du docteur Collongues, l'équilibre de la santé puisse exister avec tout autre nombre que 72, à la condition que ce nombre soit égal des deux côtés du corps, il n'en est pas moins vrai que l'ensemble de ses expériences donne 72 comme le *nombre normal* des vibrations vitales; comme le *type de la santé parfaite*. Nous ne savons si le docteur Collongues a fait des expériences dans des climats très-différents de celui de la France, mais nous ne serions pas surpris d'apprendre que ce nombre 72 vibrations, qui correspond au *Ré* le plus grave du clavier du piano, est, de même que la température du sang, absolument indépendant du climat.

Ce nombre 72 est extrêmement remarquable en ce qu'il est formé du produit des deux nombres rhythmiques 8 et 9 qui correspondent respectivement à l'*universel-être* et à l'*universel-savoir* * dans le système des nombres rhythmiques; et qui, par leur addition, 8 + 9, constituent le nombre 17, c'est-à-dire le dernier *nombre premier rhythmique* de notre système musical : offrant ainsi, en vertu de la LOI DE CRÉATION, l'*identité finale* ou systématique dans la réunion des *éléments dérivés* (8 et 9), ce qui forme la PARITÉ CORONALE du système.

Pour bien comprendre ceci, il faut savoir que les *deux éléments primordiaux et opposés*, dans le système des nombres rhythmiques, sont 2 et 3; le nombre 2 correspondant à l'*élément-être* et le nombre 3 à l'*élément-savoir* de ce système. Or, si l'on considère la formation des nombres 8 et 9 au moyen des susdits éléments opposés $8 = 2^3$ et $9 = 3^2$, on reconnaîtra que dans la somme $8 + 9 = 17$, ces éléments concourent de *la même manière* à la formation du nombre 17; en d'autres termes, qu'ils y remplissent des *fonctions identiques*, comme on le voit immédiatement en écrivant ainsi la somme en question :

$$2^3 + 3^2 = 17.$$

Dira-t-on que ce résultat soit l'effet du hasard?

Durée de la circulation d'un globule du sang.

Le célèbre physiologiste Muller admet que la durée de la circulation d'une molécule de sang est comprise entre 133″ et 200″. Le docteur Hisselsheim après avoir d'abord indiqué 2′ 16″ pour cette durée **, c'est-à-dire pour

* Voir la *Loi de Création* au tome I de la *Réforme du savoir Humain*, par Hoëné Wronski.
** *Dictionnaire de médecine* de Nysten, revu et augmenté par MM. Littré et Robin.

le temps que met une molécule de sang partant d'un point pour y revenir, après avoir traversé le *cercle mathématique* de la circulation, ou cercle moyen entre le plus grand et le plus petit, propose un autre nombre, savoir 2' 46'' ou 166'' qui est à peu près la moyenne arithmétique entre les limites posées par Muller. Le premier nombre indiqué par le docteur Hisselsheim se décompose ainsi :

$$136'' = 2^3 \times 17.$$

Il ne contient que les facteurs premiers rhythmiques 2 et 17. Toutefois, comme ce nombre est très-rapproché de la limite inférieure indiquée par Muller, et que la moyenne 116'' proposée par le docteur Hiffelsheim n'est pas un nombre rhythmique, nous allons former le tableau des nombres embrassant les limites 133 et 200, en séparant les *nombres rhythmiques* de ceux qui ne le sont pas, par une ligne horizontale, ainsi que nous l'avons fait plus haut ; et afin de rattacher ce tableau au précédent, nous le commencerons par le nombre rhythmique 120.

Tableau des nombres rhythmiques depuis 120 jusqu'à 204.

Numb. rhyth.	*Non-rhyth.*
120, 125, 128, 135, 136.	121, 122, 123, 124, 126, 127, 129, 130, 131, 132, 133, 134,
144, 150, 153.	137, 138, 139, 140, 141, 142, 143, 145, 146, 147, 148, 149, 151, 152,
160, 162, 170.	154, 155, 156, 157, 158, 159, 161, 163, 164, 165, 166, 167, 168, 169,
180,	171, 172, 173, 174, 175, 176, 177, 178, 179, 181, 182, 183, 184, 185, 186, 187.
192, 200, 204.	188, 189, 190, 191, 193, 194, 195, 196, 197, 198, 199, 201, 202, 203,

En examinant ce tableau, on trouve, vers son centre, parmi les ***nombres rhythmiques***, le nombre 170, qui ne diffère pas de 4'' de la moyenne 166'' $\frac{1}{2}$ entre les nombres 133'' et 200'', indiqués par Muller. — Or, si l'on adopte le nombre rhythmique 2' 16'' ou 136'' pour le *minimum* de la durée de la circulation d'un globule sanguin, et le nombre 204'' également rhythmique et à égale distance au-delà du nombre central 170'', pour le ***maximum*** de cette durée, il est facile de concevoir que les *vibrations vitales* correspondantes aux durées en question leur seront ***inversement proportionnelles ;*** de telle sorte que pour deux durées distinctes, représentées respectivement par C et C', on aura, en représentant par W et W', les nombres correspondants des ***vibrations vitales*** signalées par le docteur Collongues, la relation très-simple :

$$C.\,W = C'\,W' \text{ ou :}$$
$$C : C' : : W' : W.$$

Il ne nous reste plus qu'à trouver la valeur numérique de ce *produit constant* qui nous paraît remplir, dans le système physiologique, un rôle analogue à celui que remplit en astronomie le *modérateur universel* (p. w), découvert par Hoëné Wronski *, et que, par cette raison, nous nommerons *modérateur vital anthropogénique*, en attendant son admission et son nouveau baptème dans le sanctuaire de la science officielle.

Maintenant, pour découvrir la valeur numérique de ce *modérateur vital*, admettons avec le docteur Collongues que le nombre des vibrations correspondant au *bourdonnement vital* dans l'état de santé parfaite soit de 72 par seconde sexagésimale, et multiplions par ce nombre le nombre exprimant la *durée moyenne de la circulation* d'un globule du sang, c'est-à-dire le nombre 170. On aura ainsi, pour le produit cherché :

$$170.\ 72 = 12240$$

lequel, décomposé en ses facteurs premiers, peut s'écrire :

$$2^4.\ 3^2.\ 5.\ 17\ ^{**}.$$

Ce nombre constant contient, comme on le voit, tous les facteurs premiers rhythmiques de notre système musical moderne ; et c'est ainsi que l'on peut se rendre compte rationnellement de l'action que le rhythme exerce sur les plus jeunes enfants, sur les hommes les plus grossiers comme sur les plus intelligents ; c'est ainsi qu'on s'explique l'aptitude de l'homme pour l'*art musical*, qui, comme tous les arts, est une création à la fois divine et humaine, un produit de la raison, dont la base physiologique est un don gratuit du créateur des mondes.

Tableau des NOMBRES *des* Vibrations vitales *et des sons de la gamme diatonique qui leur correspondent, avec les* DURÉES *inversement proportionnelles de la circulation du sang, évaluées en secondes sexagésimales.*

NOTA. Le produit de chacun de ces nombres par la durée circulatoire correspondante est un NOMBRE CONSTANT, dont nous évaluons la valeur, soit $GW = 12240 = 2^4.3^2.5.17$.

Ce nombre contient tous les nombres premiers rhythmiques de notre système musical.

Remarques. 1. Les nombres de vibrations des sons de la gamme diato-

---

* Voir la *Réforme de la mécanique céleste* au tome I de la *Réforme absolue du savoir humain*. — Voir aussi l'Épître à S. M. l'Empereur de Russie.

** Pour avoir les nombres qui correspondent aux *vibrations vitales* en rapport avec les durées des circulations extrêmes, exprimées par 136″ et 204″, il suffit de diviser le modérateur constant 12240 par ces durées, on trouve ainsi :

Durées circulatoires.	136″	170″	204″.
Vibrations vitales correspondantes.	90	72	60.

NOMS DES SONS.	W. NOMBRES DE VIBRATIONS par seconde.	C. DURÉES CIRCULATOIRES évaluées en secondes.
DO	64	191'',25
RÉ	72	170''
MI	80	153''
FA	85 1/3	143'',4375
SOL	96	127'',5
LA	108	113'' 1/3
SI	120 8/9	101'',25
DO	128	95'',625

nique, sont entre eux dans les rapports calculés par Hoëné Wronski, savoir :

do $= 1$; *ré* $= \frac{9}{8}$; *mi* $= \frac{5}{4}$; *fa* $= \frac{4}{3}$; *sol* $= \frac{3}{2}$; *la* $= \frac{27}{16}$; *si* $= \frac{17}{9}$; *do* $= 2$.

En comparant ces rapports à ceux admis par les physiciens, on voit qu'ils ne diffèrent que pour la *note sensible* (*si*) et la sus-dominante (*la*); que les physiciens évaluent ainsi : *la* $= \frac{5}{3}$ et *si* $= \frac{15}{8}$.

Les durées circulatoires expriment toutes des nombres finis, et tous ces nombres sont rhythmiques.

Par exemple : $113''\frac{1}{3} = \frac{340''}{3} = \frac{2^2 \cdot 5 \cdot 17}{3}$, fraction où il n'entre que des nombres premiers rhythmiques.

2. Le nombre 72 vibrations par seconde, indiqué par le docteur Collongues pour le nombre correspondant à l'*état de santé parfaite*, nombre qui correspond au *ré*, est très-remarquable, car le son en question correspond philosophiquement à l'*élément neutre* du SYSTÈME DES SONS, et il occupe ainsi le CENTRE de l'*échelle des* 31 *sons* qui le forment; et par conséquent il forme aussi le CENTRE de la *gamme diatonique*, quand on la reporte sur cette échelle :

fa, do, sol, RÉ, *la, mi, si.*

3. De plus, ce nombre normal des vibrations vitales, indique clairement le véritable *diapason* qui aurait dû être fixée à 864 vibrations pour le *la*, et non à 870 $= 2 . 3 . 5 . 29$; à cause du facteur 29 qui n'est pas rhythmique.

Il est vrai qu'aucun membre de la commission nommée pour la fixation du *diapason normal*, ne connaissait les nombres que nous désignons ici pour la première fois, sous le nom de NOMBRES RHYTHMIQUES, dont l'extrême importance sera reconnue tôt ou tard, et au moyen desquels, comme on le verra dans notre TRAITÉ DU RHYTHME, nous pouvons rendre raison de tous les faits concernant la musique, soit dans la mélodie, soit dans l'harmonie.

4. Le produit constant C W = M, formé au moyen des quantités variables C et W, correspond à la *puissance* d'une hyperbole rapportée à ses asymptotes. On en tire : $W = \frac{M}{C}$ et en posant $C = 1''$ on a : $W = M = 12240$ vibrations, ce qui signifie qu'à l'instant précis où, dans l'*embryon*, la circulation s'effectue en 1'' de temps, le mouvement vibratoire qui s'effectue alors aussi en 1'' donne 12240 vibrations, ce qui correspond à la note *sol* à une quantité près *très-inférieure* au comma vulgaire $\frac{81}{80}$, comme il est facile de s'en assurer. Or, la note *sol* correspond à l'ÉLÉMENT-ÊTRE dans le système des sons ; la DOMINANTE.

L'état inverse, savoir : $C = \frac{M}{W}$ donne, en y faisant $W = 1$ vibration, par seconde $C = M = 12240''$, et alors la circulation du globule sanguin met 12240'' à s'effectuer une seule fois, c'est-à-dire $3^h24'$; c'est le moment suprême où l'âme va quitter sa demeure corporelle, et, à cet instant, le *son virtuel* qu'exprime la valeur W = 1 correspond à la TONIQUE UT qui correspond au point de repos, à l'UNIVERSEL-ÊTRE, comme nous l'avons dit dans la *Technie harmonique*, p. 356.

Ces déductions feront sourire certains lecteurs ; mais nous nous adressons aux philosophes, et nous espérons qu'ils y reconnaîtront tout à la fois l'exactitude de la détermination des *vibrations vitales* par le docteur Collongues, la beauté des travaux des Muller et des Hiffelsheim, et surtout la *profondeur infinie* de la LOI DE CRÉATION que Wronski a laissée après lui pour *juger* la science de ses détracteurs.

Comte CAMILLE DURUTTE.

www.ingramcontent.com/pod-product-compliance
Lightning Source LLC
LaVergne TN
LVHW010409240826
846091LV00020B/2860

* 9 7 8 2 0 1 9 3 2 2 3 8 0 *